BEI GRIN MACHT SICH IHR
WISSEN BEZAHLT

- Wir veröffentlichen Ihre Hausarbeit,
  Bachelor- und Masterarbeit

- Ihr eigenes eBook und Buch -
  weltweit in allen wichtigen Shops

- Verdienen Sie an jedem Verkauf

Jetzt bei www.GRIN.com hochladen
und kostenlos publizieren

Bibliografische Information der Deutschen Nationalbibliothek:

Die Deutsche Bibliothek verzeichnet diese Publikation in der Deutschen National-
bibliografie; detaillierte bibliografische Daten sind im Internet über http://dnb.d-
nb.de/ abrufbar.

Impressum:

Copyright © 2014 GRIN Verlag
Druck und Bindung: Books on Demand GmbH, Norderstedt Germany
ISBN: 9783346079060

Dieses Buch bei GRIN:

https://www.grin.com/document/509766

Anonym

Vergleich objektorientierter und relationaler Datenbanken

GRIN Verlag

GRIN - Your knowledge has value

Der GRIN Verlag publiziert seit 1998 wissenschaftliche Arbeiten von Studenten, Hochschullehrern und anderen Akademikern als eBook und gedrucktes Buch. Die Verlagswebsite www.grin.com ist die ideale Plattform zur Veröffentlichung von Hausarbeiten, Abschlussarbeiten, wissenschaftlichen Aufsätzen, Dissertationen und Fachbüchern.

Besuchen Sie uns im Internet:

http://www.grin.com/

http://www.facebook.com/grincom

http://www.twitter.com/grin_com

FOM – Fachhochschule für Oekonomie & Management

Essen

Seminararbeit im Fach „Datenbankmanagement"

Vergleich objektorientierter und relationaler Datenbanken

Inhaltsverzeichnis

Abkürzungsverzeichnis

Bzw.	Beziehungsweise
DBMS	Datenbankmanagementsystem
DDL	Data Definition Language
DML	Data Manipulation Language
ERM	Entity-Relationship-Modell
ODMG	Object Data Management Group
OID	Objektidentifikator
OODBMS	Objektorientiertes Datenbankmanagementsystem
OQL	Object Query Language
SQL	Structured Query Language
Vgl.	Vergleiche

Abbildungsverzeichnis

1 Einleitung

1.1 Umfeld

Der Besitz von Informationen zur Auswertung und Entwicklung neuer Strategien, hat für Unternehmen und andere Organisationen, wie beispielsweise Behörden, einen zunehmenden Stellenwert. Die daraus resultierende steigende Anzahl von Informationen sorgt bei den Betroffenen für den Wunsch nach einer ständigen Verfügbarkeit, die mit einer Abfragemöglichkeit kombiniert ist. Dabei hat sich die Verwendung von Datenbanken in der Praxis als optimale Lösung bewährt.

1.2 Abgrenzung

In dieser Arbeit werden ausschließlich die relationalen und objektorientierten Datenbanken betrachtet. Im Fazit wird das objektrelationale Datenbankmodell kurz vorgestellt.

1.3 Ziel dieser Arbeit

Das Ziel dieser Arbeit ist, neben der allgemeinen Einführung in das Thema der Datenbanken, die Erläuterung der Funktionalitäten von objektorientierten und relationalen Datenbanken, sowie deren Vor- und Nachteile.

2 Datenbanken

Der folgende Abschnitt dient zum einen der Definition grundlegender Begriffe aus dem Bereich der Datenbanken und zum anderen der Aufgabenbeschreibung von Datenbanken.

2.1 Datenbanken und Datenbankmanagementsystem

Im Bereich der Datenbanken wird zwischen Datenbanken und Datenbankmanagementsystemen (DBMS) unterschieden. Eine Datenbank ist eine „möglichst redundanzfreie Sammlung von Daten, die so strukturiert sind, dass sie von mehreren Benutzern und Anwendungen gleichzeitig und effizient genutzt und flexibel ausgewertet und verknüpft werden können."[1] Dieser Datenbestand ist dabei strukturiert aufgebaut und wird von einem Datenbankmanagementsystem verwaltet.[2]

Das DBMS ist somit eine „Sammlung von Programmen zum Erstellen und Verwalten einer Datenbank, die es mehreren Anwendungen gleichzeitig ermöglicht, die von ihnen benötigten Daten zu speichern, zu extrahieren und zu manipulieren, ohne jeweils eigene Dateien erstellen zu müssen."[3] Für die Informationsverarbeitung gibt es für diese Systeme in den meisten Unternehmen keine Alternative mehr, da sie eine unkontrollierte Redundanz vermeiden, Daten flexibel miteinander verknüpfen können, einen Mehrbenutzerbetrieb ermöglichen und die zu verwaltenden Daten mit einer Recovery-Funktion vor Verlust schützen. Zusätzlich werden Transaktionen nur bei einer konsistenten Datenbasis durchgeführt, Zugriffsrechte sind auf einzelne Benutzer oder Benutzergruppen flexibel einstellbar und die Entwicklungszeiten für neue Anwendungen, sowie die Fehleranfälligkeit dieser Systeme, sind gering.[4]

Dabei trennt ein DBMS die physische und die logische Datenstruktur. Dies führt dazu, dass Programmierer oder Endanwender nicht mehr wissen wo und wie die Daten tatsächlich gespeichert werden. Logische Konzepte vermitteln dabei die logische Sicht, wie sie von dem Endanwender wahrgenommen werden, wohingegen die physische Sicht die tatsächliche Datenanordnung auf den Speichermedien darstellt.[5]

---

[1] Kenneth C. Laudon / Jane P. Laudon / Detlef Schoder (2010), S. 294
[2] Vgl. Gunter Saake / Kai-Uwe Sattler / Andreas Heuer (2010), S. 9
[3] Kenneth C. Laudon / Jane P. Laudon / Detlef Schoder (2010), S. 294
[4] Vgl. A. Kemper / A. Eickler (2006), S. 17 ff
[5] Vgl. Kenneth C. Laudon / Jane P. Laudon / Detlef Schoder (2010), S. 295

2.2 Datenbankmodell

Die Infrastruktur zur Modellierung der realen Welt wird durch Datenbankmodelle zur Verfügung gestellt. „Das Datenbankmodell legt die Modellierungskonstrukte fest, mittels derer man ein computerisiertes Informationsabbild der realen Welt (bzw. des relevanten Ausschnitts) generieren kann."[6] Dabei benutzen sie unterschiedliche Darstellungsformen zur Verwaltung von Beziehungen, Entitäten und Attributen.

2.3 Konzeption eines Datenbankmodells

Das Entity-Relationship-Modell (ERM), das von Peter Chen entwickelt wurde, ist das meist verwendete Modell für Datenbankentwürfe und gilt im Bereich der Datenbankmodellierung als Standard. Das Konzept des ERM besteht aus den Grundbegriffen Attribute, Relationships (Beziehungen) und Entities (Gegenstände).

Attribute dienen der Charakterisierung von Beziehungen bzw. Gegenständen. Diese werden durch Kreise oder Ovale grafisch dargestellt und den Gegenstandstypen, bzw. den Beziehungstypen, durch verbindende Kanten zugeordnet. Relationships lassen sich auf analoge Weise zu Beziehungstypen zwischen den Gegenstandstypen abstrahieren, wobei ein Beziehungstyp mindestens zwei Entity-Typen miteinander verbinden muss. Diese werden grafisch als Rauten, die entsprechend beschriftet sind, dargestellt. Die beteiligten Gegenstandstypen werden dann mit den ungerichteten Kanten der Rauten verbunden. Gegenstände sind gedanklich existierende oder wohlunterscheidbare physische Konzepte der zu modellierenden Welt. Diese werden auch als Gegenstandstypen abstrahiert und werden grafisch als Rechteck dargestellt. Der Name des Gegenstandstyps steht dabei innerhalb des Rechteck.[7]

Ein zusätzlicher Inhalt des ERM sind die Schlüsselattribute. Sie beschreiben bzw. identifizieren unterschiedliche Gegenstände durch Angabe einer Attributmenge. Die Markierung dieser Attribute, wird durch eine Unterstreichung der Bezeichnung vorgenommen. Oft gibt es mehrere Schlüsselattribute, die einen entsprechenden Gegenstand näher beschreiben. Diese werden auch als Schlüsselkandidaten bezeichnet. Der passendste Schlüssel wird dabei als Primärschlüssel beschrieben und sowohl in der textuellen, als auch in der graphischen Darstellung, durch eine Unterstreichung

---

[8] Vgl. Gunter Saake / Kai-Uwe Sattler / Andreas Heuer (2010), S. 65f
[9] Vgl. A. Kemper / A. Eickler (2006), S. 23
[10] Kenneth C. Laudon / Jane P. Laudon / Detlef Schoder (2010), S. 303
[11] Vgl. Kenneth C. Laudon / Jane P. Laudon / Detlef Schoder (2010), S.298

markiert. Die Kardinalitäten geben zusätzlich eine mengenbezogene Angabe und werden durch Zahlen in eckigen Klammern, neben den einzelnen Elementen, dargestellt.[8]

Die folgende Grafik (Abbildung 1: Beispiel eines Entity-Relationship-Modells) veranschaulicht die Konzeption der einzelnen Elemente eines ERM.

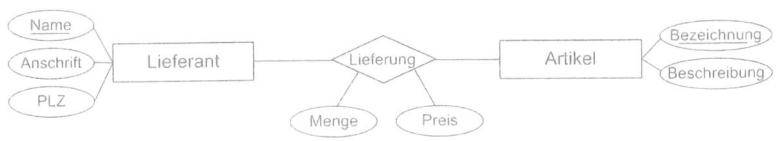

Abbildung 1: Beispiel eines Entity-Relationship-Modells

2.4 Logisches Datenbankkonzept

Da der konzeptionelle Entwurf des Datenmodells ein reines Beschreibungsmodell mit graphischer Notation und reichhaltigen Modellierungskonstrukten ist, ist es nur schlecht implementierbar. Es dient lediglich zur Abbildung der Gesetzesmäßigkeiten der realen Welt. Um dieses Konzept logisch umzusetzen, gibt es verschiedene Ansätze.[9]

„Der logische Datenbankentwurf beschreibt die Anordnung der Datenelemente in der Datenbank. Dabei werden Beziehungen zwischen den verschiedenen Datenelementen sowie redundante Datenelemente identifiziert und eine effiziente Anordnung bzw. Gruppierung der Datenelemente zur Erfüllung der betrieblichen Informationsbedürfnisse und spezieller Software herausgearbeitet."[10]

Für diese Darstellung wurden in den 70er Jahren das hierarchische und das Netzwerkmodell verwendet. Die Anordnung der Daten wird bei beiden durch eine Baumstruktur realisiert.[11] In den folgenden Kapiteln werden sowohl das objektorientierte, als auch das relationale Datenbankmodell, die heute meist verwendet werden, näher beschrieben.

---

[8] Vgl. Gunter Saake / Kai-Uwe Sattler / Andreas Heuer (2010), S. 65f
[9] Vgl. A. Kemper / A. Eickler (2006), S. 23
[10] Kenneth C. Laudon / Jane P. Laudon / Detlef Schoder (2010), S. 303
[11] Vgl. Kenneth C. Laudon / Jane P. Laudon / Detlef Schoder (2010), S.298

3 Relationale Datenbanken

„Das relationale Datenmodell ist das am weitesten verbreitete Datenmodell und hat sich in einer großen Anzahl von Implementierungen in DBMS im praktischen Einsatz bewährt."[12] Dieses Datenmodell ist vor allem in der Forschung anerkannt, hat viele weitere Arbeiten im Datenbankbereich beeinflusst und ist das kommerziell erfolgreichste Datenbanksystem.[13] Das folgende Kapitel beschreibt die Entstehungsgeschichte und erörtert die Grundlagen, sowie die Vor- und Nachteile, dieses Datenmodells.

3.1 Geschichte

In den Jahren 1970 bis 1973 stellte E.F. Codd die grundlegenden Bestandteile des relationalen Datenmodells vor.[14] Die Besonderheit dieses Modells war im Vergleich zu den bisherigen Datenmodellen die einfache Strukturierung. Diese besteht aus flachen Tabellen (Relationen), bei denen die Zeilen den Datenobjekten entsprechen. Der Erfolg dieses Datenmodells ist auf diese übersichtliche Struktur zurückzuführen und hat auch heute noch eine marktdominierende Stellung.[15]

3.2 Grundlagen

3.2.1 Attribut, Relation & Tupel

Eine relationale Datenbank ist ein Datenmodell bei dem die Daten in Tabellenform dargestellt werden. Dabei können Daten aus verschiedenen Tabellen miteinander in Beziehung gesetzt werden, wenn beide Tabellen ein gemeinsames Datenelement besitzen. Als Relation beschreibt man dabei eine Tabelle, deren Spalten die Attribute einer Entität bestimmen. Datensätze können von Zeilen aufgenommen werden, die konkrete Entitäten beschreiben.[16]

Attribute beschreiben die Eigenschaft einer bestimmten Entität bzw. eines bestimmten Objekttyps und werden über eine Tabellenspalte abgebildet. Die Menge der zulässigen Werte eines Attributs werden dabei über Wertebereiche definiert. Das Element einer Relation ist ein Tupel und repräsentiert ein Objekt eines Objekttyps, für den die

---

[12] Thomas Kudraß (2007), S. 73
[13] Vgl. Gunter Saake / Kai-Uwe Sattler / Andreas Heuer (2010), S. 85
[14] Vgl. Thomas Kudraß (2007), S. 73
[15] Vgl. A. Kemper / A. Eickler (2006), S. 69
[16] Vgl. Kenneth C. Laudon / Jane P. Laudon / Detlef Schoder (2010), S.296

Relation definiert ist. Tupel werden als Tabellenzeilen dargestellt.[17] Die folgende Grafik (Abbildung 2: Grundlegendes Konzept eines relationalen Datenmodells) zeigt die tabellarische Anordnung dieses Datenmodells.

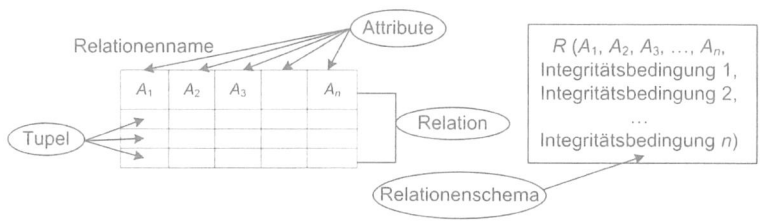

Abbildung 2: Grundlegendes Konzept eines relationalen Datenmodells

3.2.2 Schlüssel

Zur gezielten Identifizierung eines Tupel, hat jede Relation bestimmte Attribute oder Attributkombinationen. Im Allgemeinen werden diese als Schlüssel bezeichnet. Wenn es sich bei dem Attribut um ein eindeutiges Merkmal, dass die Relation identifiziert, handelt, bezeichnet man dieses als Primärschlüssel.[18] „In jeder Relation wird genau ein eindeutiger Schlüssel zum Primärschlüssel (primary key, Hauptschlüssel) erklärt, über den die Tupel der Relation eindeutig identifiziert werden können. Ein Primärschlüssel ist immer obligatorisch und darf keine NULL-Werte haben."[19] Im Relationsschema werden Schlüssel durch unterstreichen gekennzeichnet.

Durch die Festlegung von Fremdschlüsseln wird bei der referenziellen Integrität auf Datenbankebene, die Konsistenz der relationalen Datenbank gesichert. Dabei wird die referenzielle Integrität auch nicht von möglichen Nullwerten, die der Fremdschlüssel im Gegensatz zum Primärschlüssel haben darf, beeinträchtigt. Fremdschlüssel verweisen entweder auf einen Primärschlüssel einer anderen oder der eigenen Relation, wobei diese in dem Fall den gleichen Wert besitzen müssen.[20]

3.2.3 Datendefinition, -abfragen und -manipulation

Für Organisation, Verwaltung und Zugriff auf Daten der Datenbank besitzt das DBMS unterschiedliche Funktionen. Dabei sind die Funktionen zur Datendefinition, das Data

---

[17] Vgl. Thomas Kudraß (2007), S. 74f
[18] Vgl. Thomas Kudraß (2007), S.76
[19] Heide Faeskorn-Woyke et al. (2007), S. 148
[20] Vgl. Thomas Kudraß (2007), S.77f

Dictornary und die DML (Data Manipulation Language oder Datenmanipulationssprache), die wichtigsten Aspekte. Zur Darstellung der einzelnen Datenelemente innerhalb der Datenbank, wird von Programmierern und Administratoren die Datendefinitionssprache (Data Definition Language, kurz: DDL) verwendet. Mit Hilfe dieser Sprache werden Datenbanktabellen erstellt und im Anschluss die einzelnen Tabellenfelder definiert. Zu den bekanntesten DDLs gehört die Structured Query Language (SQL).[21] Da es sich bei SQL um eine deklarative Sprache handelt, bekommt der Programmierer oder Administrator eine Antwort auf seine Anfrage und muss den Lösungsweg nicht kennen.[22] Bei der Sprache SQL wird zwischen Datenabfrage und Datenmanipulation unterschieden. Zur Datenabfrage wird meist der Operator SELECT und zur Datenänderung bzw. –manipulation die Operatoren DELETE (löschen), INSERT (einfügen) und MODIFY (ändern) verwendet. Um die Datenbank in einem konsistenten Zustand beizubehalten gelten auch hier die bereits erwähnten Bedingungen. Falls die einzufügenden Werte nicht in den Wertebereich der einzelnen Attribute passen, der Primärschlüssel nicht entsprechend beachtet wird oder der referenzierte Fremdschlüssel nicht existiert, wird die Erstellung bzw. Veränderung des Tupel nicht akzeptiert. Wenn ein Tupel gelöscht werden soll, darf kein Tupel auf dieses verweisen. Die Zusatzfunktionen der Kaskadierung, bei der Tupel, die auf einen zu löschenden Tupel verweisen, mit gelöscht oder auf NULL gesetzt werden können, bilden die Ausnahme.[23]

3.3 Vorteile und Nachteile

Das relationale Datenmodell wird auch heute noch weit verbreitet genutzt und fand schon damals bei bedeutenden Firmen wie IBM, Microsoft und Oracle großen Anklang. Sie verwendeten es um diverse Forschungsarbeiten, die für die Entwicklung von Datenbanksystemen und der Standardsprache SQL wichtig waren, durchzuführen. Der zentrale Vorteil ist also die bis heute weit verbreitete Nutzung.[24]

Der Nachteil der relationalen Datenbanken ist die Integration in moderne objektorientierte Programmiersprachen wie Java. Gerade für die Nutzung von Multimediaanwendungen ist die Datenstruktur eines relationalen DBMS nicht optimal ausgerichtet. Die Trennung von Daten und Funktionen ist nur beschränkt möglich.[25]

---

[21] Vgl. Kenneth C. Laudon / Jane P. Laudon / Detlef Schoder (2010), S. 300f
[22] Vgl. A. Kemper / A. Eickler (2006), S. 107
[23] Vgl. R. Elmasri, N. Shamkant (2000), S. 147ff
[24] Vgl. A. Kemper / A. Eickler (2006), S. 106
[25] Vgl. Kenneth C. Laudon / Jane P. Laudon / Detlef Schoder (2010), S. 300

4 Objektorientierte Datenbanken

Trotz der weiten Verbreitung von relationalen Datenbanksystemen, bieten objektorientierte Datenbanken bei vielen Problemen eine entsprechende Alternative. Die Geschichte, Grundlagen und Vor- und Nachteile werden im folgenden Kapitel beschrieben.

4.1 Geschichte

Die Entwicklung objektorientierter Datenbankmodellierung beruhte auf den Unzulänglichkeiten des relationalen Datenmodells, die in den 80er Jahren entdeckt wurden. Diese bezogen sich auf komplexere Anwendungsbereiche, wie Multimedia- oder ingenieurswissenschaftliche Anwendungen.[26] Objektorientierte DBMS (OODBMS) werden dadurch immer beliebter, da man sie zur Verwaltung von Multimediakomponenten oder Java Applets einsetzen kann.[27]

4.2 Grundlagen

4.2.1 Objekteigenschaften

Objekte eines objektorientierten Modells haben die Bestandteile Identität, Typ und Wert, bzw. Zustand. Als Identität werden Objektidentifikatoren (OIDs) bezeichnet, die vom System systemweit eindeutig generiert werden, sobald ein neues Objekt erzeugt wird. Sie steht für die Referenzierung des Objekts zur Verfügung. Dieser OID bleibt für die Lebenszeit des Objekts unverändert. Wie bei der Zusammenfassung von gleichartigen Entities zu Entitytypen, werden Objekte durch einen gemeinsamen Objekttyp, oft auch Klasse genannt, dargestellt. Diese Objekttypen beschreiben dabei die vollständige Struktur und Beziehung zu anderen Klassen, wobei jede Klasse ein oder mehrere Objekte besitzt, die auch als Instanzen beschrieben werden. Im Gegensatz zum relationalen Datenmodell bilden Attribute und nicht Tupel die Zustände des Objektes, die nicht zwangsläufig atomar sein müssen. Diese können auch mehrere Werte gleichzeitig beinhalten.

---

[26] Vgl. A. Kemper / A. Eickler (2006), S. 359
[27] Vgl. Kenneth C. Laudon / Jane P. Laudon / Detlef Schoder (2010), S. 300
[28] Vgl. A. Kemper / A. Eickler (2006), S. 365ff

4.2.2 Kapselung und Vererbung

Bei der Kapselung von Objekten wird das Konzept des „Information Hiding" eingesetzt. Mit Hilfe dieses Konzepts werden die Attribute vor einem direkten Zugriff geschützt, was beim relationalen Datenmodell nicht der Fall ist. Um den Zugriff zu ermöglichen, müssen für jeden Objekttyp eigene Operationen hinzugefügt werden. Diese Operationen werden auch Methoden genannt und können Objekte anlegen oder löschen. Zusätzlich können sie Objektzustände abfragen und verändern. Die Methoden werden durch Methodennamen und der Übergabe von Parametern angesprochen. Sie sind die einzige Schnittstelle nach außen.[29] Bei der Vererbung wird durch die Erstellung von Ober- und Untertypen das Teilen von gemeinsamen Eigenschaften zwischen ähnlichen Klassen ermöglicht. Dabei wird nicht nur die Struktur, sondern auch das Verhalten, also die Operationen, vererbt. Der wesentliche Vorteil dieses Konzepts ist die Einsetzbarkeit von Instanzen eines Untertyps überall dort, wo die Instanzen eines Obertyps erforderlich sind. Dies erhöht die Flexibilität des Modells.[30]

4.2.3 Sprache

Das Aufkommen der Objektorientierung begann am Anfang der 1990er Jahre und sorgte für die Entwicklung etlicher objektorientierter Datenbanksysteme. Diese konnten Objekte persistent speichern und deklarativ, mit der SQL-ähnlichen und von der Object Data Management Group (ODMG) nominierten Anfragesprache Object Query Language (OQL), abfragen.[31]

4.3 Vorteile und Nachteile

„In objektorientierten Datenbanksystemen werden die im Zusammenhang mit der relationalen Datenmodellierung angesprochenen Probleme vermieden."[32] Dies geschieht hauptsächlich durch die Integration von Verhaltens- und Strukturbeschreibungen in einer einheitlichen Objekttyp-Definition.[33] Objektorientierte DBMS „können zwar komplexere Datentypen aufnehmen als relationale DBMS, sind aber vergleichsweise langsam bei der Verarbeitung umfangreicher Mengen von Transaktionen."[34]

---

[29] Vgl. R. Elmasri, N. Shamkant (2000), S. 279f
[30] Vgl. A. Kemper / A. Eickler (2006), S. 378
[31] Vgl. Thomas Kudraß (2007), S. 342
[32] A. Kemper / A. Eickler (2006), S. 363
[33] Vgl. A. Kemper / A. Eickler (2006), S.363
[34] Kenneth C. Laudon / Jane P. Laudon / Detlef Schoder (2010), S. 300

5   Fazit

Das relationale Datenbanksystem ist aktuell das meist genutzte System zur Datenablage. Viele große Firmen wie IBM und Microsoft vertrauen vor allem auf die Zuverlässigkeit und die weite Verbreitung, die aus positiven Erfahrungen resultiert.

Dies ist vor allem der zentrale Grund, weshalb sich objektorientierte Datenbanksysteme bisher nicht auf dem Markt etablieren konnten. Trotzdem werden objektorientierte Datenbanken oft als die neue Generation der Datenbanken bezeichnet, da die Objektorientierung besonders für moderne Anwendungen geeignet ist.

Diese Erkenntnis führte dazu, dass sowohl das relationale, als auch das objektorientierte Datenmodell, zu einem objektrelationalen Datenmodell verbunden wurden. Das Ziel dabei war es die positiven Eigenschaften beider Systeme zu nutzen.

Trotz der Fusion der beiden Modelle, fehlt es dem objektrelationalen Datenmodell noch an Praxiserfahrung, da es noch nicht so ausgereift wie das relationale Datenmodell ist. Diese Gründe sorgen dafür, dass Firmen sich für das bewährte relationale Datenbanksystem entscheiden, was es zur marktdominierenden Datenbanktechnologie gemacht hat. Aktuell ist davon auszugehen, dass dies auch für einige weitere Jahre so bleiben wird.

Literaturverzeichnis

Elmasri, Ramze A. / Navathe, Shamkant B. (2000):
Grundlagen von Datenbanksystemen – Bachelorausgabe, 3. Auflage, München 2009

Faeskorn-Woyke, Heide / Bertelsmeier, Birgit / Riemer, Petra / Bauer, Elena (2007):
Datenbanksysteme, Theorie und Praxis mit SQL2003, Oracle und MySQL, 1. Auflage,
München 2007

Kemper, Alfons / Eickler, André (2006):
Datenbanksysteme – Eine Einführung, 6. Auflage, München 2006

Kudraß, Thomas (2007):
Taschenbuch Datenbanken, 1. Auflage, Leipzig 2007

Laudon, Kenneth C. / Laudon, Jane P. / Schoder, Detlef (2010):
Wirtschaftsinformatik – Eine Einführung, 2. aktualisierte Auflage, München 2010

Saake, Gunter / Sattler, Kai-Uwe / Heuer, Andreas (2010):
Datenbanken Konzepte und Sprachen, 4. Auflage 2010